First Printing, 2017
River Breeze Press
www.riverbreezepress.com

Recipe	Page

Recipe	Page

Recipe	Page

Recipe	Page

Recipe:

Based on/Source: _____ Serves: _____

Prep Time: _____ Cook Time: _____

Total Time: _____

Ratings & Notes

flavor	1	2	3	4	5
appearance	1	2	3	4	5
ease	1	2	3	4	5
cook time	1	2	3	4	5
healthy	1	2	3	4	5

notes:

Ingredients

Directions

Recipe:

Based on/Source: _____ Serves: _____

Prep Time: _____ Cook Time: _____

Total Time: _____

Ingredients

_____
_____
_____
_____
_____
_____
_____
_____
_____
_____
_____
_____
_____
_____
_____
_____

Ratings & Notes

flavor	1	2	3	4	5
appearance	1	2	3	4	5
ease	1	2	3	4	5
cook time	1	2	3	4	5
healthy	1	2	3	4	5

notes:

_____
_____
_____
_____
_____

Directions

_____
_____
_____
_____
_____
_____
_____
_____
_____
_____
_____
_____
_____
_____

Recipe:

Based on/Source: _____ Serves: _____

Prep Time: _____ Cook Time: _____

Total Time: _____

Ratings & Notes

flavor	1	2	3	4	5
appearance	1	2	3	4	5
ease	1	2	3	4	5
cook time	1	2	3	4	5
healthy	1	2	3	4	5

notes:

_____

_____

_____

_____

_____

Ingredients

Directions

3

Recipe:

Based on/Source: _____ Serves: _____

Prep Time: _____ Cook Time: _____

Total Time: _____

Ratings & Notes

flavor	1	2	3	4	5
appearance	1	2	3	4	5
ease	1	2	3	4	5
cook time	1	2	3	4	5
healthy	1	2	3	4	5

notes:

Ingredients

Directions

Recipe:

Based on/Source: _____ Serves: _____

Prep Time: _____ Cook Time: _____

Total Time: _____

Ingredients

Ratings & Notes

flavor	1 2 3 4 5
appearance	1 2 3 4 5
ease	1 2 3 4 5
cook time	1 2 3 4 5
healthy	1 2 3 4 5

notes:

Directions

Recipe:

Based on/Source: _____ Serves: _____

Prep Time: _____ Cook Time: _____

Total Time: _____

Ingredients

Ratings & Notes

flavor	1	2	3	4	5
appearance	1	2	3	4	5
ease	1	2	3	4	5
cook time	1	2	3	4	5
healthy	1	2	3	4	5

notes:

Directions

Recipe:

Based on/Source: _____ Serves: _____

Prep Time: _____ Cook Time: _____

Total Time: _____

Ratings & Notes

flavor	1	2	3	4	5
appearance	1	2	3	4	5
ease	1	2	3	4	5
cook time	1	2	3	4	5
healthy	1	2	3	4	5

notes:

Ingredients

Directions

Recipe:

Based on/Source: _____ Serves: _____

Prep Time: _____ Cook Time: _____

Total Time: _____

Ingredients

Ratings & Notes

flavor	1	2	3	4	5
appearance	1	2	3	4	5
ease	1	2	3	4	5
cook time	1	2	3	4	5
healthy	1	2	3	4	5

notes:

Directions

Recipe:

Based on/Source: _____ Serves: _____

Prep Time: _____ Cook Time: _____

Total Time: _____

Ratings & Notes

flavor	1	2	3	4	5
appearance	1	2	3	4	5
ease	1	2	3	4	5
cook time	1	2	3	4	5
healthy	1	2	3	4	5

notes:

Ingredients

Directions

Recipe:

Based on/Source: _____ Serves: _____

Prep Time: _____ Cook Time: _____

Total Time: _____

Ingredients

Ratings & Notes

flavor	1	2	3	4	5
appearance	1	2	3	4	5
ease	1	2	3	4	5
cook time	1	2	3	4	5
healthy	1	2	3	4	5

notes:

Directions

Recipe:

Based on/Source: _____ Serves: _____

Prep Time: _____ Cook Time: _____

Total Time: _____

Ingredients

Ratings & Notes

flavor	1	2	3	4	5
appearance	1	2	3	4	5
ease	1	2	3	4	5
cook time	1	2	3	4	5
healthy	1	2	3	4	5

notes:

Directions

Recipe:

Based on/Source: _____ Serves: _____

Prep Time: _____ Cook Time: _____

Total Time: _____

Ingredients

Ratings & Notes

flavor	1	2	3	4	5
appearance	1	2	3	4	5
ease	1	2	3	4	5
cook time	1	2	3	4	5
healthy	1	2	3	4	5

notes:

Directions

Recipe:

Based on/Source: _____ Serves: _____

Prep Time: _____ Cook Time: _____

Total Time: _____

Ratings & Notes

flavor	1	2	3	4	5
appearance	1	2	3	4	5
ease	1	2	3	4	5
cook time	1	2	3	4	5
healthy	1	2	3	4	5

notes:

Ingredients

Directions

Recipe:

Based on/Source: _____ Serves: _____

Prep Time: _____ Cook Time: _____

Total Time: _____

Ingredients

Ratings & Notes

flavor	1	2	3	4	5
appearance	1	2	3	4	5
ease	1	2	3	4	5
cook time	1	2	3	4	5
healthy	1	2	3	4	5

notes:

Directions

Recipe:

Based on/Source: _____ Serves: _____

Prep Time: _____ Cook Time: _____

Total Time: _____

Ratings & Notes

flavor	1	2	3	4	5
appearance	1	2	3	4	5
ease	1	2	3	4	5
cook time	1	2	3	4	5
healthy	1	2	3	4	5

notes:

Ingredients

Directions

15

Recipe:

Based on/Source: _____ Serves: _____

Prep Time: _____ Cook Time: _____

Total Time: _____

Ingredients

Ratings & Notes

flavor	1	2	3	4	5
appearance	1	2	3	4	5
ease	1	2	3	4	5
cook time	1	2	3	4	5
healthy	1	2	3	4	5

notes:

Directions

Recipe:

Based on/Source: _____ Serves: _____

Prep Time: _____ Cook Time: _____

Total Time: _____

Ratings & Notes

flavor	1 2 3 4 5
appearance	1 2 3 4 5
ease	1 2 3 4 5
cook time	1 2 3 4 5
healthy	1 2 3 4 5

notes:

Ingredients

Directions

Recipe:

Based on/Source: _____ Serves: _____

Prep Time: _____ Cook Time: _____

Total Time: _____

Ratings & Notes

flavor	1	2	3	4	5
appearance	1	2	3	4	5
ease	1	2	3	4	5
cook time	1	2	3	4	5
healthy	1	2	3	4	5

notes:

Ingredients

Directions

Recipe:

Based on/Source: _____ Serves: _____

Prep Time: _____ Cook Time: _____

Total Time: _____

Ingredients

Ratings & Notes

flavor	1	2	3	4	5
appearance	1	2	3	4	5
ease	1	2	3	4	5
cook time	1	2	3	4	5
healthy	1	2	3	4	5

notes:

Directions

Recipe:

Based on/Source: _____ Serves: _____

Prep Time: _____ Cook Time: _____

Total Time: _____

Ingredients

Ratings & Notes

flavor	1	2	3	4	5
appearance	1	2	3	4	5
ease	1	2	3	4	5
cook time	1	2	3	4	5
healthy	1	2	3	4	5

notes:

Directions

Recipe:

Based on/Source: _____ Serves: _____

Prep Time: _____ Cook Time: _____

Total Time: _____

Ingredients

Ratings & Notes

flavor	1 2 3 4 5
appearance	1 2 3 4 5
ease	1 2 3 4 5
cook time	1 2 3 4 5
healthy	1 2 3 4 5

notes:

Directions

Recipe:

Based on/Source: _____ Serves: _____

Prep Time: _____ Cook Time: _____

Total Time: _____

Ingredients

Ratings & Notes

flavor	1	2	3	4	5
appearance	1	2	3	4	5
ease	1	2	3	4	5
cook time	1	2	3	4	5
healthy	1	2	3	4	5

notes:

Directions

Recipe:

Based on/Source: _____ Serves: _____

Prep Time: _____ Cook Time: _____

Total Time: _____

Ingredients

Ratings & Notes

flavor	1	2	3	4	5
appearance	1	2	3	4	5
ease	1	2	3	4	5
cook time	1	2	3	4	5
healthy	1	2	3	4	5

notes:

Directions

Recipe:

Based on/Source: _____ Serves: _____

Prep Time: _____ Cook Time: _____

Total Time: _____

Ingredients

Ratings & Notes

flavor	1	2	3	4	5
appearance	1	2	3	4	5
ease	1	2	3	4	5
cook time	1	2	3	4	5
healthy	1	2	3	4	5

notes:

Directions

Recipe:

Based on/Source: _____ Serves: _____

Prep Time: _____ Cook Time: _____

Total Time: _____

Ingredients

Ratings & Notes

flavor	1	2	3	4	5
appearance	1	2	3	4	5
ease	1	2	3	4	5
cook time	1	2	3	4	5
healthy	1	2	3	4	5

notes:

Directions

Recipe:

Based on/Source: _____ Serves: _____

Prep Time: _____ Cook Time: _____

Total Time: _____

Ingredients

Ratings & Notes

flavor	1 2 3 4 5
appearance	1 2 3 4 5
ease	1 2 3 4 5
cook time	1 2 3 4 5
healthy	1 2 3 4 5

notes:

Directions

Recipe:

Based on/Source: _____ *Serves:* _____

Prep Time: _____ *Cook Time:* _____

Total Time: _____

Ratings & Notes

flavor	1	2	3	4	5
appearance	1	2	3	4	5
ease	1	2	3	4	5
cook time	1	2	3	4	5
healthy	1	2	3	4	5

notes:

Ingredients

Directions

Recipe:

Based on/Source: _____ Serves: _____

Prep Time: _____ Cook Time: _____

Total Time: _____

Ratings & Notes

flavor	1	2	3	4	5
appearance	1	2	3	4	5
ease	1	2	3	4	5
cook time	1	2	3	4	5
healthy	1	2	3	4	5

notes:

Ingredients

Directions

Recipe:

Based on/Source: _____ Serves: _____

Prep Time: _____ Cook Time: _____

Total Time: _____

Ratings & Notes

flavor	1	2	3	4	5
appearance	1	2	3	4	5
ease	1	2	3	4	5
cook time	1	2	3	4	5
healthy	1	2	3	4	5

notes:

Ingredients

Directions

Recipe:

Based on/Source: _____ Serves: _____

Prep Time: _____ Cook Time: _____

Total Time: _____

Ingredients

Ratings & Notes

flavor	1	2	3	4	5
appearance	1	2	3	4	5
ease	1	2	3	4	5
cook time	1	2	3	4	5
healthy	1	2	3	4	5

notes:

Directions

Recipe:

Based on/Source: _____ Serves: _____

Prep Time: _____ Cook Time: _____

Total Time: _____

Ratings & Notes

flavor	1	2	3	4	5
appearance	1	2	3	4	5
ease	1	2	3	4	5
cook time	1	2	3	4	5
healthy	1	2	3	4	5

notes:

Ingredients

Directions

Recipe:

Based on/Source: _____ Serves: _____

Prep Time: _____ Cook Time: _____

Total Time: _____

Ingredients

Ratings & Notes

flavor   1   2   3   4   5
appearance   1   2   3   4   5
ease   1   2   3   4   5
cook time   1   2   3   4   5
healthy   1   2   3   4   5
notes:

Directions

Recipe:

Based on/Source: _____ Serves: _____

Prep Time: _____ Cook Time: _____

Total Time: _____

Ingredients

Ratings & Notes

flavor	1	2	3	4	5
appearance	1	2	3	4	5
ease	1	2	3	4	5
cook time	1	2	3	4	5
healthy	1	2	3	4	5

notes:

Directions

Recipe:

Based on/Source: _____ Serves: _____

Prep Time: _____ Cook Time: _____

Total Time: _____

Ingredients

Ratings & Notes

flavor	1	2	3	4	5
appearance	1	2	3	4	5
ease	1	2	3	4	5
cook time	1	2	3	4	5
healthy	1	2	3	4	5

notes:

Directions

Recipe:

Based on/Source: _____ Serves: _____

Prep Time: _____ Cook Time: _____

Total Time: _____

Ratings & Notes

flavor	1	2	3	4	5
appearance	1	2	3	4	5
ease	1	2	3	4	5
cook time	1	2	3	4	5
healthy	1	2	3	4	5

notes:

Ingredients

Directions

Recipe:

Based on/Source: _____ Serves: _____

Prep Time: _____ Cook Time: _____

Total Time: _____

Ingredients

Ratings & Notes

flavor	1	2	3	4	5
appearance	1	2	3	4	5
ease	1	2	3	4	5
cook time	1	2	3	4	5
healthy	1	2	3	4	5

notes:

Directions

Recipe:

Based on/Source: _____ Serves: _____

Prep Time: _____ Cook Time: _____

Total Time: _____

Ratings & Notes

flavor	1	2	3	4	5
appearance	1	2	3	4	5
ease	1	2	3	4	5
cook time	1	2	3	4	5
healthy	1	2	3	4	5

notes:

Ingredients

Directions

Recipe:

Based on/Source: _____ Serves: _____

Prep Time: _____ Cook Time: _____

Total Time: _____

Ingredients

Ratings & Notes

flavor	1	2	3	4	5
appearance	1	2	3	4	5
ease	1	2	3	4	5
cook time	1	2	3	4	5
healthy	1	2	3	4	5

notes:

Directions

Recipe:

Based on/Source: _____ Serves: _____

Prep Time: _____ Cook Time: _____

Total Time: _____

Ingredients

Ratings & Notes

flavor	1	2	3	4	5
appearance	1	2	3	4	5
ease	1	2	3	4	5
cook time	1	2	3	4	5
healthy	1	2	3	4	5

notes:

Directions

Recipe:

Based on/Source: _____ Serves: _____

Prep Time: _____ Cook Time: _____

Total Time: _____

Ratings & Notes

flavor	1	2	3	4	5
appearance	1	2	3	4	5
ease	1	2	3	4	5
cook time	1	2	3	4	5
healthy	1	2	3	4	5

notes:

Ingredients

Directions

Recipe:

Based on/Source: _____ Serves: _____

Prep Time: _____ Cook Time: _____

Total Time: _____

Ingredients

_____
_____
_____
_____
_____
_____
_____
_____
_____
_____
_____
_____
_____
_____
_____
_____
_____
_____

Ratings & Notes

flavor	1	2	3	4	5
appearance	1	2	3	4	5
ease	1	2	3	4	5
cook time	1	2	3	4	5
healthy	1	2	3	4	5

notes:

_____
_____
_____
_____
_____

Directions

_____
_____
_____
_____
_____
_____
_____
_____
_____
_____
_____
_____
_____
_____
_____

Recipe:

Based on/Source: _____ Serves: _____

Prep Time: _____ Cook Time: _____

Total Time: _____

Ingredients

Ratings & Notes

flavor	1	2	3	4	5
appearance	1	2	3	4	5
ease	1	2	3	4	5
cook time	1	2	3	4	5
healthy	1	2	3	4	5

notes:

Directions

Recipe:

Based on/Source: _____ Serves: _____

Prep Time: _____ Cook Time: _____

Total Time: _____

Ingredients

Ratings & Notes

flavor	1	2	3	4	5
appearance	1	2	3	4	5
ease	1	2	3	4	5
cook time	1	2	3	4	5
healthy	1	2	3	4	5

notes:

Directions

43

Recipe:

Based on/Source: _____ Serves: _____

Prep Time: _____ Cook Time: _____

Total Time: _____

Ingredients

Ratings & Notes

flavor	1	2	3	4	5
appearance	1	2	3	4	5
ease	1	2	3	4	5
cook time	1	2	3	4	5
healthy	1	2	3	4	5

notes:

Directions

Recipe:

Based on/Source: _____ Serves: _____

Prep Time: _____ Cook Time: _____

Total Time: _____

Ratings & Notes

flavor	1	2	3	4	5
appearance	1	2	3	4	5
ease	1	2	3	4	5
cook time	1	2	3	4	5
healthy	1	2	3	4	5

notes:

Ingredients

Directions

Recipe:

Based on/Source: _____ Serves: _____

Prep Time: _____ Cook Time: _____

Total Time: _____

Ratings & Notes

flavor	1	2	3	4	5
appearance	1	2	3	4	5
ease	1	2	3	4	5
cook time	1	2	3	4	5
healthy	1	2	3	4	5

notes:

Ingredients

Directions

Recipe:

Based on/Source: _____ Serves: _____

Prep Time: _____ Cook Time: _____

Total Time: _____

Ingredients

_____

_____

_____

_____

_____

_____

_____

_____

_____

_____

_____

_____

_____

_____

_____

_____

_____

Ratings & Notes

flavor	1	2	3	4	5
appearance	1	2	3	4	5
ease	1	2	3	4	5
cook time	1	2	3	4	5
healthy	1	2	3	4	5

notes:

_____

_____

_____

_____

_____

Directions

Recipe:

Based on/Source: _____ Serves: _____

Prep Time: _____ Cook Time: _____

Total Time: _____

Ingredients

Ratings & Notes

flavor	1	2	3	4	5
appearance	1	2	3	4	5
ease	1	2	3	4	5
cook time	1	2	3	4	5
healthy	1	2	3	4	5

notes:

Directions

Recipe:

Based on/Source: _____ Serves: _____

Prep Time: _____ Cook Time: _____

Total Time: _____

Ingredients

Ratings & Notes

flavor	1	2	3	4	5
appearance	1	2	3	4	5
ease	1	2	3	4	5
cook time	1	2	3	4	5
healthy	1	2	3	4	5

notes:

Directions

49

Recipe:

Based on/Source: _____ Serves: _____

Prep Time: _____ Cook Time: _____

Total Time: _____

Ingredients

Ratings & Notes

flavor	1	2	3	4	5
appearance	1	2	3	4	5
ease	1	2	3	4	5
cook time	1	2	3	4	5
healthy	1	2	3	4	5

notes:

Directions

Recipe:

Based on/Source: _____ Serves: _____

Prep Time: _____ Cook Time: _____

Total Time: _____

Ingredients

Ratings & Notes

flavor	1	2	3	4	5
appearance	1	2	3	4	5
ease	1	2	3	4	5
cook time	1	2	3	4	5
healthy	1	2	3	4	5

notes:

Directions

51

Recipe:

Based on/Source: _____ Serves: _____

Prep Time: _____ Cook Time: _____

Total Time: _____

Ingredients

Ratings & Notes

flavor	1	2	3	4	5
appearance	1	2	3	4	5
ease	1	2	3	4	5
cook time	1	2	3	4	5
healthy	1	2	3	4	5

notes:

Directions

Recipe:

Based on/Source: _____ Serves: _____

Prep Time: _____ Cook Time: _____

Total Time: _____

Ingredients

Ratings & Notes

flavor	1	2	3	4	5
appearance	1	2	3	4	5
ease	1	2	3	4	5
cook time	1	2	3	4	5
healthy	1	2	3	4	5

notes:

Directions

53

Recipe:

Based on/Source: _____ Serves: _____

Prep Time: _____ Cook Time: _____

Total Time: _____

Ingredients

_____
_____
_____
_____
_____
_____
_____
_____
_____
_____
_____
_____
_____
_____
_____
_____
_____

Ratings & Notes

flavor	1	2	3	4	5
appearance	1	2	3	4	5
ease	1	2	3	4	5
cook time	1	2	3	4	5
healthy	1	2	3	4	5

notes:

_____
_____
_____
_____
_____

Directions

_____
_____
_____
_____
_____
_____
_____
_____
_____
_____
_____
_____
_____
_____

Recipe:

Based on/Source: _____ Serves: _____

Prep Time: _____ Cook Time: _____

Total Time: _____

Ingredients

Ratings & Notes

flavor	1 2 3 4 5
appearance	1 2 3 4 5
ease	1 2 3 4 5
cook time	1 2 3 4 5
healthy	1 2 3 4 5

notes:

Directions

Recipe:

Based on/Source: _____ Serves: _____

Prep Time: _____ Cook Time: _____

Total Time: _____

Ratings & Notes

flavor	1	2	3	4	5
appearance	1	2	3	4	5
ease	1	2	3	4	5
cook time	1	2	3	4	5
healthy	1	2	3	4	5

notes:

Ingredients

Directions

Recipe:

Based on/Source: _____ Serves: _____

Prep Time: _____ Cook Time: _____

Total Time: _____

Ingredients

Ratings & Notes

flavor	1	2	3	4	5
appearance	1	2	3	4	5
ease	1	2	3	4	5
cook time	1	2	3	4	5
healthy	1	2	3	4	5

notes:

Directions

Recipe:

Based on/Source: _____ Serves: _____

Prep Time: _____ Cook Time: _____

Total Time: _____

Ingredients

Ratings & Notes

flavor	1	2	3	4	5
appearance	1	2	3	4	5
ease	1	2	3	4	5
cook time	1	2	3	4	5
healthy	1	2	3	4	5

notes:

Directions

Recipe:

Based on/Source: _____ Serves: _____

Prep Time: _____ Cook Time: _____

Total Time: _____

Ratings & Notes

flavor	1	2	3	4	5
appearance	1	2	3	4	5
ease	1	2	3	4	5
cook time	1	2	3	4	5
healthy	1	2	3	4	5

notes:

Ingredients

Directions

Recipe:

Based on/Source: _____ Serves: _____

Prep Time: _____ Cook Time: _____

Total Time: _____

Ingredients

Ratings & Notes

flavor	1	2	3	4	5
appearance	1	2	3	4	5
ease	1	2	3	4	5
cook time	1	2	3	4	5
healthy	1	2	3	4	5

notes:

Directions

Recipe:

Based on/Source: _____ Serves: _____

Prep Time: _____ Cook Time: _____

Total Time: _____

Ratings & Notes

flavor	1	2	3	4	5
appearance	1	2	3	4	5
ease	1	2	3	4	5
cook time	1	2	3	4	5
healthy	1	2	3	4	5

notes:

Ingredients

Directions

Recipe:

Based on/Source: _____ Serves: _____

Prep Time: _____ Cook Time: _____

Total Time: _____

Ingredients

Ratings & Notes

flavor	1	2	3	4	5
appearance	1	2	3	4	5
ease	1	2	3	4	5
cook time	1	2	3	4	5
healthy	1	2	3	4	5

notes:

Directions

Recipe:

Based on/Source: _____ Serves: _____

Prep Time: _____ Cook Time: _____

Total Time: _____

Ratings & Notes

flavor	1	2	3	4	5
appearance	1	2	3	4	5
ease	1	2	3	4	5
cook time	1	2	3	4	5
healthy	1	2	3	4	5

notes:

Ingredients

Directions

Recipe:

Based on/Source: _____ Serves: ____

Prep Time: _____ Cook Time: _____

Total Time: _____

Ingredients

Ratings & Notes

flavor	1	2	3	4	5
appearance	1	2	3	4	5
ease	1	2	3	4	5
cook time	1	2	3	4	5
healthy	1	2	3	4	5

notes:

Directions

Recipe: _____

Based on/Source: _____ Serves: _____

Prep Time: _____ Cook Time: _____

Total Time: _____

Ingredients

_____
_____
_____
_____
_____
_____
_____
_____
_____
_____
_____
_____
_____
_____
_____
_____
_____

Ratings & Notes

flavor	1	2	3	4	5
appearance	1	2	3	4	5
ease	1	2	3	4	5
cook time	1	2	3	4	5
healthy	1	2	3	4	5

notes:
_____
_____
_____
_____
_____

Directions

_____
_____
_____
_____
_____
_____
_____
_____
_____
_____
_____
_____
_____
_____

Recipe:

Based on/Source: _____ Serves: _____

Prep Time: _____ Cook Time: _____

Total Time: _____

Ingredients

Ratings & Notes

flavor	1	2	3	4	5
appearance	1	2	3	4	5
ease	1	2	3	4	5
cook time	1	2	3	4	5
healthy	1	2	3	4	5

notes:

Directions

Recipe:

Based on/Source: _____ Serves: _____

Prep Time: _____ Cook Time: _____

Total Time: _____

Ratings & Notes

flavor	1	2	3	4	5
appearance	1	2	3	4	5
ease	1	2	3	4	5
cook time	1	2	3	4	5
healthy	1	2	3	4	5

notes:

Ingredients

Directions

Recipe:

Based on/Source: _____ Serves: _____

Prep Time: _____ Cook Time: _____

Total Time: _____

Ratings & Notes

flavor	1	2	3	4	5
appearance	1	2	3	4	5
ease	1	2	3	4	5
cook time	1	2	3	4	5
healthy	1	2	3	4	5

notes:

Ingredients

Directions

Recipe:

Based on/Source: _____ Serves: _____

Prep Time: _____ Cook Time: _____

Total Time: _____

Ingredients

Ratings & Notes

flavor	1	2	3	4	5
appearance	1	2	3	4	5
ease	1	2	3	4	5
cook time	1	2	3	4	5
healthy	1	2	3	4	5

notes:

Directions

Recipe:

Based on/Source: _____ Serves: _____

Prep Time: _____ Cook Time: _____

Total Time: _____

Ingredients

Ratings & Notes

flavor	1	2	3	4	5
appearance	1	2	3	4	5
ease	1	2	3	4	5
cook time	1	2	3	4	5
healthy	1	2	3	4	5

notes:

Directions

Recipe:

Based on/Source: _____ Serves: ____

Prep Time: _____ Cook Time: _____

Total Time: _____

Ratings & Notes

flavor	1	2	3	4	5
appearance	1	2	3	4	5
ease	1	2	3	4	5
cook time	1	2	3	4	5
healthy	1	2	3	4	5

notes:

Ingredients

Directions

Recipe:

Based on/Source: _____ Serves: _____

Prep Time: _____ Cook Time: _____

Total Time: _____

Ingredients

Ratings & Notes

flavor	1	2	3	4	5
appearance	1	2	3	4	5
ease	1	2	3	4	5
cook time	1	2	3	4	5
healthy	1	2	3	4	5

notes:

Directions

Recipe:

Based on/Source: _____ Serves: _____

Prep Time: _____ Cook Time: _____

Total Time: _____

Ratings & Notes

flavor	1	2	3	4	5
appearance	1	2	3	4	5
ease	1	2	3	4	5
cook time	1	2	3	4	5
healthy	1	2	3	4	5

notes:

Ingredients

Directions

Recipe:

Based on/Source: _____ Serves: _____

Prep Time: _____ Cook Time: _____

Total Time: _____

Ingredients

Ratings & Notes

flavor	1	2	3	4	5
appearance	1	2	3	4	5
ease	1	2	3	4	5
cook time	1	2	3	4	5
healthy	1	2	3	4	5

notes:

Directions

Recipe:

Based on/Source: _____ Serves: _____

Prep Time: _____ Cook Time: _____

Total Time: _____

Ratings & Notes

flavor	1	2	3	4	5
appearance	1	2	3	4	5
ease	1	2	3	4	5
cook time	1	2	3	4	5
healthy	1	2	3	4	5

notes:

Ingredients

Directions

Recipe:

Based on/Source: _____ Serves: _____

Prep Time: _____ Cook Time: _____

Total Time: _____

Ratings & Notes

flavor	1	2	3	4	5
appearance	1	2	3	4	5
ease	1	2	3	4	5
cook time	1	2	3	4	5
healthy	1	2	3	4	5

notes:

Ingredients

Directions

Recipe:

Based on/Source: _____ Serves: _____

Prep Time: _____ Cook Time: _____

Total Time: _____

Ratings & Notes

flavor	1	2	3	4	5
appearance	1	2	3	4	5
ease	1	2	3	4	5
cook time	1	2	3	4	5
healthy	1	2	3	4	5

notes:

Ingredients

Directions

Recipe:

Based on/Source: _____ Serves: _____

Prep Time: _____ Cook Time: _____

Total Time: _____

Ratings & Notes

flavor	1	2	3	4	5
appearance	1	2	3	4	5
ease	1	2	3	4	5
cook time	1	2	3	4	5
healthy	1	2	3	4	5

notes:

Ingredients

Directions

Recipe:

Based on/Source: _____ Serves: _____

Prep Time: _____ Cook Time: _____

Total Time: _____

Ratings & Notes

flavor	1	2	3	4	5
appearance	1	2	3	4	5
ease	1	2	3	4	5
cook time	1	2	3	4	5
healthy	1	2	3	4	5

notes:

Ingredients

Directions

Recipe:

Based on/Source: _____ Serves: _____

Prep Time: _____ Cook Time: _____

Total Time: _____

Ratings & Notes

flavor	1	2	3	4	5
appearance	1	2	3	4	5
ease	1	2	3	4	5
cook time	1	2	3	4	5
healthy	1	2	3	4	5

notes:

Ingredients

Directions

Recipe:

Based on/Source: _____ Serves: _____

Prep Time: _____ Cook Time: _____

Total Time: _____

Ingredients

Ratings & Notes

flavor	1	2	3	4	5
appearance	1	2	3	4	5
ease	1	2	3	4	5
cook time	1	2	3	4	5
healthy	1	2	3	4	5

notes:

Directions

Recipe:

Based on/Source: _____ Serves: _____

Prep Time: _____ Cook Time: _____

Total Time: _____

Ingredients

Ratings & Notes

flavor	1	2	3	4	5
appearance	1	2	3	4	5
ease	1	2	3	4	5
cook time	1	2	3	4	5
healthy	1	2	3	4	5

notes:

Directions

Recipe:

Based on/Source: _____ Serves: _____

Prep Time: _____ Cook Time: _____

Total Time: _____

Ingredients

Ratings & Notes

flavor	1	2	3	4	5
appearance	1	2	3	4	5
ease	1	2	3	4	5
cook time	1	2	3	4	5
healthy	1	2	3	4	5

notes:

Directions

Recipe:

Based on/Source: _____ Serves: _____

Prep Time: _____ Cook Time: _____

Total Time: _____

Ingredients

Ratings & Notes

flavor	1	2	3	4	5
appearance	1	2	3	4	5
ease	1	2	3	4	5
cook time	1	2	3	4	5
healthy	1	2	3	4	5

notes:

Directions

Recipe:

Based on/Source: _____ Serves: _____

Prep Time: _____ Cook Time: _____

Total Time: _____

Ratings & Notes

flavor	1	2	3	4	5
appearance	1	2	3	4	5
ease	1	2	3	4	5
cook time	1	2	3	4	5
healthy	1	2	3	4	5

notes:

Ingredients

Directions

Recipe:

Based on/Source: _____ Serves: _____

Prep Time: _____ Cook Time: _____

Total Time: _____

Ratings & Notes

flavor	1	2	3	4	5
appearance	1	2	3	4	5
ease	1	2	3	4	5
cook time	1	2	3	4	5
healthy	1	2	3	4	5

notes:

Ingredients

Directions

Recipe:

Based on/Source: _____ Serves: _____

Prep Time: _____ Cook Time: _____

Total Time: _____

Ingredients

Ratings & Notes

flavor	1	2	3	4	5
appearance	1	2	3	4	5
ease	1	2	3	4	5
cook time	1	2	3	4	5
healthy	1	2	3	4	5

notes:

Directions

Recipe:

Based on/Source: _____ Serves: _____

Prep Time: _____ Cook Time: _____

Total Time: _____

Ingredients

Ratings & Notes

flavor	1	2	3	4	5
appearance	1	2	3	4	5
ease	1	2	3	4	5
cook time	1	2	3	4	5
healthy	1	2	3	4	5

notes:

Directions

Recipe:

Based on/Source: _____ Serves: _____

Prep Time: _____ Cook Time: _____

Total Time: _____

Ratings & Notes

flavor	1	2	3	4	5
appearance	1	2	3	4	5
ease	1	2	3	4	5
cook time	1	2	3	4	5
healthy	1	2	3	4	5

notes:

Ingredients

Directions

Recipe:

Based on/Source: _____ Serves: _____

Prep Time: _____ Cook Time: _____

Total Time: _____

Ingredients

Ratings & Notes

flavor	1	2	3	4	5
appearance	1	2	3	4	5
ease	1	2	3	4	5
cook time	1	2	3	4	5
healthy	1	2	3	4	5

notes:

Directions

Recipe: _____

Based on/Source: _____ Serves: _____

Prep Time: _____ Cook Time: _____

Total Time: _____

Ratings & Notes

flavor	1	2	3	4	5
appearance	1	2	3	4	5
ease	1	2	3	4	5
cook time	1	2	3	4	5
healthy	1	2	3	4	5

notes:

Ingredients

Directions

Recipe:

Based on/Source: _____ Serves: _____

Prep Time: _____ Cook Time: _____

Total Time: _____

Ingredients

Ratings & Notes

flavor	1	2	3	4	5
appearance	1	2	3	4	5
ease	1	2	3	4	5
cook time	1	2	3	4	5
healthy	1	2	3	4	5

notes:

Directions

Recipe:

Based on/Source: _____ Serves: _____

Prep Time: _____ Cook Time: _____

Total Time: _____

Ratings & Notes

flavor	1	2	3	4	5
appearance	1	2	3	4	5
ease	1	2	3	4	5
cook time	1	2	3	4	5
healthy	1	2	3	4	5

notes:

Ingredients

Directions

Recipe:

Based on/Source: _____ Serves: _____

Prep Time: _____ Cook Time: _____

Total Time: _____

Ratings & Notes

flavor	1	2	3	4	5
appearance	1	2	3	4	5
ease	1	2	3	4	5
cook time	1	2	3	4	5
healthy	1	2	3	4	5

notes:

Ingredients

Directions

Recipe:

Based on/Source: _____ Serves: _____

Prep Time: _____ Cook Time: _____

Total Time: _____

Ratings & Notes

flavor	1	2	3	4	5
appearance	1	2	3	4	5
ease	1	2	3	4	5
cook time	1	2	3	4	5
healthy	1	2	3	4	5

notes:

Ingredients

Directions

Recipe:

Based on/Source: _____ Serves: ____

Prep Time: _____ Cook Time: _____

Total Time: _____

Ingredients

Ratings & Notes

flavor	1	2	3	4	5
appearance	1	2	3	4	5
ease	1	2	3	4	5
cook time	1	2	3	4	5
healthy	1	2	3	4	5

notes:

Directions

Recipe:

Based on/Source: _____ Serves: _____

Prep Time: _____ Cook Time: _____

Total Time: _____

Ratings & Notes

flavor	1	2	3	4	5
appearance	1	2	3	4	5
ease	1	2	3	4	5
cook time	1	2	3	4	5
healthy	1	2	3	4	5

notes:

Ingredients

Directions

Recipe:

Based on/Source: _____ Serves: _____

Prep Time: _____ Cook Time: _____

Total Time: _____

Ratings & Notes

flavor	1	2	3	4	5
appearance	1	2	3	4	5
ease	1	2	3	4	5
cook time	1	2	3	4	5
healthy	1	2	3	4	5

notes:

Ingredients

Directions

Recipe:

Based on/Source: _____ Serves: _____

Prep Time: _____ Cook Time: _____

Total Time: _____

Ratings & Notes

flavor	1	2	3	4	5
appearance	1	2	3	4	5
ease	1	2	3	4	5
cook time	1	2	3	4	5
healthy	1	2	3	4	5

notes:

Ingredients

Directions

Recipe:

Based on/Source: _____ Serves: _____

Prep Time: _____ Cook Time: _____

Total Time: _____

Ingredients

Ratings & Notes

flavor	1	2	3	4	5
appearance	1	2	3	4	5
ease	1	2	3	4	5
cook time	1	2	3	4	5
healthy	1	2	3	4	5

notes:

Directions

Made in the USA
Columbia, SC
15 December 2019